EXPLORATION

DE

LA VALLÉE SUPÉRIEURE DE L'OUED TIN,

PAR MM. CAGNAT ET S. REINACH.

(Extrait du *Bulletin archéologique du Comité des travaux historiques et scientifiques*, année 1886.)

EXPLORATION DE LA VALLÉE SUPÉRIEURE DE L'OUED TIN.

Partis de Tebourba le 14 mars 1885, nous sommes arrivés à Medjez-el-Bab le 24 du même mois, après avoir exploré la vallée supérieure de l'Oued Tin, où des ruines importantes avaient été signalées à la Commission de Tunisie. Nous les décrirons brièvement en transcrivant les textes épigraphiques que nous y avons copiés. Presque tous offrent quelque intérêt.

TEBOURBA.

1. — Sur un cippe avec encadrement, brisé par le haut. Lettres grêles, hautes de 0m,05. Pierre très fruste.

trib. mil. leg.
IIICYRENAICAE XVIRO STLITIBVS
IVDICANDIS
I GEMINIVS SATVRIANVS
PATRONO
POS DAT*o loco d.* D

A la première ligne nous avons cru lire, après une étude attentive de la pierre, III CYRENAICAE; mais il nous est impossible de rien affirmer à cet égard. A la dernière, notre copie donne POS, la première et la troisième lettre étant douteuses [1].

Dans la cour de la maison du caïd de Tebourba se trouve un remarquable morceau de sculpture qui, suivant le témoignage des habitants, aurait été découvert il y a quelques années dans les ruines du théâtre : c'est une statue d'adolescent en marbre blanc, haute de 0m,96, dont le travail élégant et soigné contraste heureusement avec la grossièreté habituelle des sculptures que l'on rencontre

[1] Cette inscription a déjà été signalée par Léon Renier d'après un estampage au crayon de M. de Sainte-Marie (*Académie des inscriptions*, 3 septembre 1875). Une copie tout à fait défigurée du texte, donnée par M. de Sainte-Marie dans sa *Mission à Carthage* (p. 120), permet seulement de reconnaître qu'il a eu sous les yeux le même monument. Il semble d'ailleurs, d'après la copie de M. de Sainte-Marie, que l'inscription comprenait, en 1875, deux lignes de plus, qui auraient été enlevées depuis par une cassure.

dans l'Afrique romaine. Si elle n'est pas l'œuvre d'un ciseau grec, elle remonte du moins par l'exécution aux premiers temps de l'Empire et reproduit un motif de la sculpture attique du IVe siècle. Sur la cuisse gauche on voit les restes d'un support, peut-être d'un tronc d'arbre. Le bras droit, relevé, était probablement appuyé sur la tête; le bras gauche, dont la partie inférieure manque, était étendu en avant et tenait quelque attribut. C'est le motif bien connu de certaines statues d'Apollon ou de Bacchus, assez fréquentes dans nos musées[1], qui remontent vraisemblablement à un original de Praxitèle. Cette intéressante œuvre d'art doit être prochainement transportée au musée d'antiquités de Tunis, actuellement en voie de formation.

HENCHIR CHOUÉGUI.

2. — Sur une base de marbre blanc actuellement encastrée dans le mur intérieur d'une chambre, dans les dépendances de la ferme Martel. Hauteur du fragment qui reste, 0m,64; largeur, 0m,43. Hauteur des lettres, 0m,055.

\IVS
ob honor. DECVRIONA
tus item? ob HONOR AEDILI
*tatis e*XHSII MDCXXXXIIN̄
*promis*ISSET ADIECTAAM
de? SE PECVNIA·FECIT IDEMQ
*dedica*VIT DD ET AMPLIVS
s p o r t VL*as* POPVLO DEDIT

.....[cum..............]us... [ob honor(em) decuriona[tus, item? ob] honor[em] aedili[tatis, e]x HS II m(ilibus) DCXXXXII n(ummum) [promis]isset, adjecta.....[a] se pecunia fecit idemq(ue) [dedica]vit, d(ecreto) d(ecurionum); et amplius [sport]ul[as] populo dedit.

Henchir Chouégui a été visité, au mois d'octobre 1876, par Tissot, qui a laissé une relation inédite de son excursion, d'où nous extrayons ce qui suit : «Henchir Chouégui est situé sur la route de Tunis à Mater, au-dessous du versant méridional du massif montagneux qui sépare le bassin de la Medjerda de celui de l'Oued Djoumin. La carte du Dépôt de la guerre, fort défectueuse pour toute

[1] Clarac, *Musée de sculpture*, pl. 267, fig. 920, 921; pl. 269, fig. 912; pl. 272, fig. 1571; pl. 275, fig. 1574; pl. 476 C, fig. 965 B; pl. 477, fig. 912 C; pl. 479, fig. 916, 917, 919; pl. 480, fig. 921 A, 921 B; pl. 486, fig. 940; pl. 493, fig. 961; pl. 494 B, fig. 912 F; pl. 540 B, fig. 921 C; pl. 677, fig. 1576; pl. 678 B, fig. 1583; pl. 693, fig. 1535 B; pl. 695, fig. 1568, etc.

cette partie de la Régence de Tunis, place la koubba de Sidi Chouégui à 4 kilomètres au nord-ouest de Tbourba, tandis qu'elle est à 7 kilomètres dans la direction du Nord.

«Il existe à Henchir Chouégui tout un système de citernes parfaitement conservées. Un aqueduc, dont les traces existent encore, y amenait les eaux d'une source du Djebel Ensârin, distante de près de 12 milles.»

Tissot a relevé deux inscriptions à Chouégui : l'une a été publiée dans le *Corpus* d'après sa copie (n° 10553); l'autre, qui était très fruste, a été donnée également (n° 10554), mais d'une façon peu conforme au fac-similé original que nous avons sous les yeux. Nous reproduisons ici la copie de Tissot.

«Pierre encastrée dans le mur d'un bâtiment dépendant de la ferme de M. Huc. Caractères très fins et d'une lecture difficile» :

HENCHIR DJELAL [1].

L'henchir Djelal est situé sur le sommet d'un mamelon orienté du nord-est au sud-est; il était fortifié, au moins du côté du sud-ouest, où il reste encore les traces d'un mur d'enceinte. Les deux constructions les plus apparentes aujourd'hui sont :

1° A l'est, un mausolée construit sur plan carré en magnifiques blocs de pierre (nous avons mesuré des fragments de corniche longs de près de 2 mètres et larges de 0m,70). Ce mausolée avait à peu près 4m,80 de côté;

2° Une enceinte de 18 mètres carrés environ, construite en blocage. Sur chacune des quatre faces, intérieurement, se voient cinq piliers en maçonnerie qui ont 3m,50 d'écartement. Ces piliers se composent d'une grande pierre formant linteau et reposant sur deux

[1] *Corp. inscr. lat.*, t. VIII, n°s 10555 à 10562. Une faute d'impression dans le *Corpus* donne à la montagne où est situé Henchir Djelal le nom de *Djebel Susarin* : c'est *Ansarin* ou *Ensârin* qu'il faut lire. — [Des copies très défectueuses de quelques-unes de ces inscriptions avaient été prises, en 1881, par un professeur d'Alger, M. Roux, qui n'avait pas indiqué nettement le nom et la position de la ruine où il les avait trouvées. Aussi les ai-je insérées, avec une fausse indication de provenance, dans mes *Explorations épigraphiques*, I, p. 168-169 (cf. *Eph. Epigr.*, t. V, p. 544). — R.C.]

lits de pierres plus petites. Un enduit de béton avec tuileaux qui se remarque à quelques endroits prouve que cet édifice était un réservoir.

A quelques pas de cette enceinte se dresse une grande pierre, haute de 2m,50, large et épaisse de 0m,60. Elle appartenait à une construction actuellement détruite, dont il reste quelques débris gisant sur le sol.

La partie la plus importante de la ville antique est occupée par quelques gourbis et deux maisons arabes.

Au sud se trouve un autre petit mamelon : il y existe des ruines de constructions qui faisaient partie de la même cité. Les inscriptions de l'henchir Djelal avaient déjà été relevées par Tissot, dont les copies sont insérées au *Corpus*, et, en 1884, par MM. Reinach et Babelon, qui n'avaient pu les revoir que rapidement; nous les reproduisons ici avec nos rectifications :

3. — Base dont la partie inférieure est illisible. Hauteur des lettres : 0m,05 aux deux premières lignes, 0m,04 aux autres. Cf. *Corp. inscr. lat.*, t. VIII, n° 10555.

MERCVRIO
AVG·SACR
PRO SALVTE IMP
CAESARIS TrAIA
NI HA*driani aug*
[illegible]
[illegible]
[illegible] I I [illegible] I I
[illegible]

4. — Base semblable; même hauteur de lettres. Cf. *Corp. inscr. lat.*, t. VIII, n° 10056 :

VICTORIAE
AVG· SACR
PRO SALVTE
IMP CAESARIS
TRAIANI
*h a*D R*i a*N*i a*VG
L·RVTILIVS·L·F·SII
[illegible] PR [illegible]
[illegible] C I I [illegible]

Nous avons noté que la dernière lettre de la septième ligne n'est pas un L. Il ne faut donc pas songer, pour le *cognomen* du personnage, à *Silvanus* ou à un mot analogue. Ce *cognomen* aurait plutôt commencé par *Sti* (1).

5. — Fragments d'entablement. Hauteur des lettres, o^{m},10. Cf. *Corp. inscr. lat.*, t. VIII, n° 10557 :

(a)	(b)	(c)
*pro s*A L V T E	i|M P C A E S I A E L|*i*	H A D
VS⊘MAXIMVS · C	|IVLIVS · IANVARIVS · C · IVI|*u*	SAPVLVS/

Un quatrième fragment d'inscription, qui faisait sans doute partie du même entablement, à en juger par la hauteur des lettres et les imbrications servant d'ornements qui se remarquent à la face intérieure du bloc, comme à celle du fragment *b*, porte :

*colum*NAS CHARYSTIAS IIII *Cum*

On sait que le marbre de Carystos, en Eubée, était très recherché à Rome et dans le monde romain (2).

6. — Sur une base brisée; même hauteur de lettres. Cf. *Corp. inscr. lat.*, t. VIII, n° 10558 :

M · A V R E*lio*
CAES
IMP · CAESARIS
A N T O N I N *i*
aug . pii . fil.

MM. Reinach et Babelon, accompagnés du P. Delattre, ont copié, en 1884, le fragment suivant, que nous n'avons pu retrouver :

Sur un fragment d'architrave; lettres de o^{m},14.

ITALISFB

(1) Le fac-similé de M. Tissot donne ainsi qu'il suit les quatre dernières lignes :

L · RVTILIVS FESTI
[illegible]
SVA
FECIT

(2) Cf. Bruzza, *Iscrizioni dei marmi grezzi* (*Annali*, 1870, p. 140 et suiv.), et Marquardt, *Staatsverwaltung*, II, p. 261.

Tissot a laissé une relation manuscrite de son excursion à Henchir Djelal; nous en extrayons ce qui suit :

« Le Djebel Ensârin ne figure pas sur la carte du Dépôt de la guerre, bien qu'il constitue l'un des sommets les plus élevés de la chaîne qui domine la rive gauche de la Medjerda. Il y existe des ruines considérables appelées par les indigènes *Henchir Djâl*. La carte du Dépôt de la guerre écrit *Enchir Gial*. Cette localité est désignée plus habituellement aujourd'hui sous le nom d'*Henchir Sidi Hassan Cherif*.

« Les ruines d'Henchir Djâl couvrent une plate-forme rocheuse semi-circulaire, adossée du côté du nord-ouest à un amphithéâtre de rochers et dominant au sud-est une profonde dépression appelée par les habitants *Aïn el-Fezzânin*, qui aboutit à la vallée de la Medjerda.

« Aucun monument n'est resté debout, à part un monolithe de 4 à 5 mètres de hauteur offrant l'aspect d'une stèle plus étroite à la base qu'au sommet. Cette stèle grossière ne porte aucune inscription : elle était surmontée autrefois, m'ont dit les indigènes, de deux têtes sculptées. Ces deux bustes auraient été enlevés, il y a une quinzaine d'années, par l'abbé Bourgade, chapelain de Saint-Louis de Carthage.

« Quelques fûts de colonnes, des chapiteaux, des débris de frises et de corniches semblent indiquer, au centre de la ville antique, l'emplacement d'un forum entouré de grands édifices. Les Tripolitains qui cultivent l'henchir y ont construit, pour parquer leurs troupeaux, une enceinte de pierres sèches formée de matériaux antiques. »

HENCHIR BEJJAR [1].

L'henchir Bejjar s'étend sur un éperon rocheux qui sépare la vallée de l'Oued Tin de celle de son affluent l'Oued Bejjar. De part et d'autre cet éperon est défendu par des rochers qui en rendent l'accès assez difficile. Les ruines couvrent en longueur un espace d'au moins 1 kilomètre; elles consistent surtout en gros pans de murs provenant de constructions militaires élevées à la hâte, qui s'étagent sur trois mamelons successifs et descendent le long des

(1) Cet henchir a été visité au mois de novembre 1882 par M. le docteur Catrin, alors médecin-major au 127ᵉ de ligne, qui a signalé à l'Académie des inscriptions un texte commençant par les lettres VICTR (voir notre n° 8).

pentes de chaque côté du monticule occupé par les ruines. Il ne reste plus debout aucun édifice.

7. — Sur une grande base, haute de 1m,20 et large de 0m,48. Hauteur des lettres : première ligne, 0m,06 ; deuxième ligne, 0m,045 ; troisième ligne, 0m,035 :

MINERVAE·AVG
SACR
HONORATVS · ROGATI · CA/
VAZ · OB DECVRIONATVM
ROGATI · FILI · STATVAM · EX
HS ↀCCCC · N · ADIECTIS · A · SE
HS CCCC · N DD · FACIEND · CVR ·
IDEMQ· DEDIC·

La fin de la troisième ligne et le début de la quatrième, dont nous donnons le texte d'après notre copie et un estampage, sont assez difficiles à lire et à interpréter. Nous pensons qu'il faut y chercher un ethnique indiquant la patrie du personnage. CA · (lecture plus probable que CAV) pourrait être le début du mot *Ca(stellum)* ou *Ca(stra)*; VAZ serait celui du nom d'une localité, peut-être de l'établissement qui s'élevait autrefois en ce lieu. Le nom moderne *Bejjar* pourrait en être un dérivé. Une ville du nom de Οὐάζουα est citée par Ptolémée *μεταξὺ Θαϐράκης πόλεως καὶ Βαγράδα ποταμοῦ* (IV, III, 32). On connaît d'autre part un *episcopus Vaziensis* (Morcelli, I, p. 347).

8. — Sur une grande base, haute de 1m,55 et large de 0m,45. Hauteur des lettres, 0m,10 :

VICTO
RIAE
AVG

9. — Sur un cippe haut de 1m,45 et large de 0m,135. Hauteur des lettres : les deux premières lignes, 0m,045 ; la troisième, 0m,025. Caractères très effacés :

[illegible] CRA/
[illegible] O [illegible]
[illegible] AVG [illegible]
[illegible] P [illegible]

10. — Parmi les ruines d'un mausolée, dans la plaine de l'Oued

Bejjar, se trouve la pierre suivante; l'inscription est renfermée dans un cartouche haut de $0^{m},43$ et large de $0^{m},60$. Hauteur des lettres, $0^{m},03$:

D M

QVISQVE VIAM CARPIS MARCVM SPE
NOMINE NEC TANTVM NEC FATIS MORTEMQVE
ISTE QVATER DENIS ET QVATTVOR MENSIBVS ANNIS
IM VIXIt TOTIdeMQVE DIES CVM LVCE REFOVIT
MATER HATI V SIAE QVAMVIS SOLACIA MORTE
RVS EIS TVMVlOQVE D MARCVS
IIIII v IM II V SISIAIVIIAM PROVIDVS AIIE
IIIXITIIII IICONIVGE VIVO
IOS A
IA

Quisque viam carpis Marcum spe[ctare momento],
Nomine nec tantum nec fatis morte?......
Iste quater denis et quattuor mensibus annis
Jam? vixit, [*t*]*oti*[*de*]*mque dies cum luce refovit*
.... *quamvis solacia morte*
.... *tumu*[*l*]*oque*....... *Marcus*
.... *vitam? providus arte?*
.... *conjuge vivo*
....
Mater [*posuit?*] ....

11. — Sur une grande base encastrée dans un fortin en ruines (angle nord-ouest). Hauteur de la base, $1^{m},50$; largeur, $0^{m},50$. Lettres très effacées :

CI\V
II
OI
AIO
IMIES SI AS
TA I VI
MI
IIVI
ORI RATIS
SIMOM

HENCHIR BIR SOFOUIR.

C'est une ruine sans grande étendue située au haut d'un petit mamelon. Nous y avons relevé une inscription sur une pierre qui avait été employée dans une construction de basse époque.

12. — Hauteur du bloc, $0^m,77$; largeur, $0^m,087$. Hauteur des lettres, $0^m,16$:

sabiniae tranq /IILINAE
*totiusque divinae domus e*ORVM
DEDICAVIT

C'est une inscription en l'honneur de Gordien III et de sa femme *Sabinia Tranquillina Augusta.*

Nous sommes persuadés que cet henchir, où nous n'avons pas eu le temps de nous arrêter, contient d'autres textes épigraphiques : il serait utile qu'il fût de nouveau visité.

HENCHIR SIDI REÏSS.

Autour du marabout qui porte ce nom se voient les restes d'une ruine de peu d'étendue. Une des pierres employées dans la construction de l'enceinte consacrée (angle sud) porte une double inscription. La première, la plus ancienne, est funéraire :

13. — Dans un cadre haut de $0^m,49$ et large de $0^m,22$. Hauteur des lettres, $0^m,065$:

D M S
I ⌐ A S S I V S
////////O R I V S
VIXIT ANN
/////I I M V D X I I

D(is) M(anibus) s(acrum). L. Cassius. . . . orius vixit ann(is) . . II, m(ensibus) V, d(iebus) XII.

14. — La seconde est beaucoup plus intéressante; elle a été gravée sur le cippe à une époque postérieure et servait de base à une statue, comme le prouvent les trous de scellement qui se remarquent encore à la partie supérieure.

Hauteur de la pierre (sans le cadre), 0m,67; largeur, 0m,36. Hauteur des lettres, 0m,05. Caractères grossièrement gravés.

D N FL GRATIANO
PERPETVO AVG
MVNICIPIVM
SEPTIMIVM LI
BERVM AVLO
DES NVMINI
MAIESTATIQ
EIVS DEVOTIS
SIMVM

On voit que le *municipium Aulodes*, dont nous n'avons trouvé nulle part la mention, tenait son droit de cité de l'empereur Septime Sévère, comme un grand nombre d'autres villes africaines, et spécialement la colonie voisine de Vaga[1]. Il est à remarquer aussi que ce municipe ne fut pas transformé plus tard en colonie, comme il advint pour un grand nombre des municipes d'Afrique. Si la pierre n'a pas été tirée des ruines très modestes qui entourent le marabout de Sidi Reïss, elle ne peut venir que de quelque ruine du voisinage, par exemple de l'henchir Sidi-bel-Kassem, situé à 2 kilomètres environ à l'est, sur la pente de la montagne. En tout cas, l'inscription nous fait connaître, au moins très approximativement, l'emplacement du *municipium Aulodes*.

15. — A 1 kilomètre environ au nord du marabout se trouvent quelques petites ruines où nous avons relevé, sur un cippe funéraire brisé en haut, les lettres :

D VIIII
d(iebus) VIIII,

qui terminaient l'inscription.

HENCHIR BEDD[2].

L'henchir Bedd s'étend au pied de la montagne sur plusieurs petits mamelons successifs dont l'un est occupé par une réunion de

[1] *Corp. inscr. lat.*, t. VIII, p. 154.

[2] L'henchir Bedd avait été visité au mois de septembre 1882 par M. le docteur Catrin, qui avait envoyé à l'Académie une copie de la dédicace *Jovi optimo maximo* (n° 16). En 1883, M. Cagnat y a passé une demi-heure et a copié les inscriptions nos 18 (fin), 22 et 23, publiées par lui dans le 19e bulletin de l'Académie d'Hippone.

gourbis arabes. Il ne reste plus guère de traces de la ville ancienne. Le seul monument debout est un édifice en blocage relié par des chaînes de pierres de taille, qui se remarque auprès du ruisseau voisin de la ruine; c'était sans doute une construction destinée à capter l'eau de la source, peut-être des thermes. A quelques pas plus loin, sur la rive gauche du ruisseau, on voit les soubassements d'une porte monumentale assez soignée. Nous y avons relevé plusieurs textes épigraphiques curieux : ils prouvent que la cité antique qui s'élevait sur ce point était d'une certaine importance.

16. — Dans un gourbi, sur une grande pierre large de 1m,90 et haute de 0m,85. Hauteur des lettres : 1re ligne, 0m,20; 2e ligne, 0m,13. Les caractères sont profondément gravés et très élégants.

IOV*i* C
CAES · DIVI · L · SE*pti*M
ANI PARTHICI ET DIV
VG · ET CASTRORVM ET

Jov[i] O[ptimo Maximo....... pro salute? Imp(eratoris)] Caes(aris), Divi L. Se[pti]m[i(i) Severi....... fil(ii),....... Divi Traj]ani Parthici et Div[i Nervae adnep(otis)....... et Juliae Augustae matris A]ug. et castrorum et [senatus et patriae, etc.]

A en juger par la grandeur de cette pierre, qui ne contient qu'une faible partie de l'inscription, le monument auquel elle appartenait devait être considérable.

17. — Sur une base brisée en haut et à droite, haute actuellement de 0m,51 et large de 0m,35. Hauteur des lettres, 0m,035.

Imp. Caes. L. Septimio
*Sever*O PIO PERTINACI
*au*G PARTH ARABICO PAR
th ADIABENICO · TR P IIII
*i*MP · VIIII COS II PR*ocos*
ALFIVS SECVNDVS F P STATV
AS EQVESTRES S EX HS
XII N QVAE L ALFIVS FELIX PA
TER EIVS DVPLICATA SVMMA
HONORARIA F P EX SVA LIBERA
LITATE PROMISERAT PER
MISSV ORDINIS PO*suit.*

(Estampage.)

[*Imp(eratori) Caes(ari) L. Septimio Seve*]*ro Pio Pertinaci* [*Au*]*g(usto) Parth(ico) Arabico Par*[*th(ico)*] *Adiabenico tr(ibunicia) p(otestate) IIII*, [*i*]*mp(eratori) VIIII, co(n)s(uli) II, pr*[*oco(n)*]*s(uli)* .. *Alfius Secundus f(lamen) p(erpetuus) statuas equestres* [*dua*]*s* ou [*tre*]*s ex HS XII (milibus) n(ummum) quas L. Alfius Felix pater ejus, duplicata summa honoraria f(lamonii) p(erpetui) ex sua liberalitate promiserat, permissu ordinis po*[*suit*].

Le monument est de l'année 196 (1).

18. — Sur une base analogue, dans un cadre haut de o^{m},82 et large de o^{m},40. Hauteur des lettres, o^{m},03. La surface de la pierre est très détériorée.

… A E S A R
… A V G
… I M P C A E S
… I I I I
…
O … I I …
…
… O I … O
… V C …
… I E L I C … A … I
I L A V … I C I I I S … I I
*st*A T V A M Q V A M I D E M P A
*te*R SVS PROMISERAT FECIT ET
O B D E D I C A T I O N E M O R D I
N I · E P V L V M · D E D I T ·

A la ligne 13, le mot *su(u)s* est employé incorrectement pour *ejus*. C'est le second exemple d'une irrégularité de cette espèce dans l'épigraphie africaine (2). Ce même mot SVS est surmonté d'un trait horizontal infléchi qui est peut-être seulement un défaut dans la pierre, mais qui peut indiquer aussi que la lettre V est redoublée (3).

19. — Sur une base encastrée dans le mur d'un marabout

(1) A la ligne 8, notre copie porte QVAE pour QVAS. Nous ne saurions dire si l'erreur doit être imputée à nous ou au lapicide.

(2) *Corp. inscr. lat.*, t. VIII, n° 9619. Cf. Riemann, *Études sur la langue et la grammaire de Tite-Live*, 2e éd., p. 130.

(3) Cf. Hübner, *Exempla scripturae epigraphicae*, p. LXXVI : «Interdum apex ad V litteram geminandam videtur positus esse.» Pour la forme de ce signe dans notre inscription, cf. Hübner, *ibid.*, n° 494.

servant de rucher. Le cadre a $0^m,60$ de haut, $0^m,35$ de large. Lettres hautes de $0^m,05$ aux sept premières lignes, de $0^m,07$ à la dernière.

M MVNIO
PRIMO OPT
TIANO·EQ·ROM
fL PERP · CIVI
LARGISSIMO
ET·AMPLITER
MVNIFICO·
PATRONIS

Le gentilice est *Munius* bien plutôt que *Manius*. On remarquera le mot *patronis*, bien qu'il n'y ait sur cette inscription qu'un seul personnage mentionné. Il faut en conclure qu'elle faisait partie d'un ensemble de monuments dédiés à plusieurs patrons de la cité.

20. — Sur une grande base haute de $1^m,10$ et large de $0^m,56$. Hauteur des lettres, $0^m,08$.

IIAPRARIOFELICIQFIL
PAPIRIA PARATO AEDILI
CIO FL PERP BONO VIRO A
MATORIETALVMNO MVNICIP
SVIOBINCOMPARABILEM
MISSILIVM IN HONOREM
AEDILITATIS EDITIONEM MG
NAMQ ETIAM OPERIS SEP
TIZODI·NVDAELIBERALTATS
EXSTRVCTIONEM · POPVLVS
AERE CONLATO POSVITLDDD

(Estampage.)

Ti. Aprario Felici, Q. fil(io), Papiria, Parato, aedilicio fl(amini) perp(etuo) bono viro, amatori et alumno municip(ii) sui, ob incomparabilem missilium in honorem aedilitatis editionem magnamque etiam operis septizodi nudae liberalitatis exstructionem, populus aere conlato posuit; l(oco) d(ato) d(ecreto) d(ecurionum).

Ce monument est intéressant à plus d'un titre. Il nous apprend que l'établissement antique situé à cet endroit était un municipe, et que les citoyens en étaient inscrits dans la tribu Papiria. De plus, il fait mention d'un édifice appelé *Septizodium*. On connaît déjà, par une inscription de Lambèse[1], l'existence d'un monument appelé *Septizonium* auprès du *Nympheum* de cette ville. Le *Septizonium* de Rome[2], à l'imitation duquel ces édifices provinciaux étaient construits, est aussi nommé *Septemzodium* dans Ammien Marcellin[3], appellation identique au *septizodium* de notre inscription.

Dans la qualification d'*amator et alumnus municipii sui*, *alumnus* est employé, comme *amator*, au sens actif. Ce n'est pas le *nourrisson* du municipe (comme l'υἱὸς πόλεως dans les inscriptions grecques de l'Asie Mineure), mais au contraire *celui qui nourrit*, le *nourricier*, sens assez fréquent dans la latinité de l'Empire.

Le gentilice est plutôt *Aprario* que *Caprario*.

21. — Dans la cour d'un gourbi. Hauteur du fragment, o^{m},38. Hauteur des lettres, o^{m},075. La pierre est surmontée d'une moulure.

CVRIOI
IVS·SECV*ndus*

22. — Hauteur des lettres, o^{m},14 [4].

*ampli*ATA SVMM*a*

23. — Hauteur des lettres, o^{m},17 [5].

AE MEMORIAE
*fe*CERVNT

HENCHIR CHELGA.

Ruine assez importante située sur un mamelon. On y voit de gros blocs de pierre ayant appartenu à quelque grande construction forte de basse époque. A l'ouest de la ruine on remarque les restes d'une basilique, et dans la plaine les débris d'un édifice plein en blocage avec montants en pierres de taille, sans doute un mausolée. Nous n'y avons relevé qu'un fragment d'inscription.

(1) *Corpus*, t. VIII, n° 2657.
(2) Suet., *Tit.*, 1; Spartien, *Sev.*, 19, 5, et 24, 3; Spart., *Anton. Get.*, 7, 2.
(3) Ammien, 15, 7, 3. Cf. Becker, *Handbuch der röm. Alterthümer*, I, 434 et 435.
(4) Cf. *Acad. d'Hippone*, bulletin n° 19, p. LXXIV.
(5) Cf. *ibid.*, p. LXXIII.

MAUSOLÉE D'AÏN DOURAT.

24. — Sur deux blocs hauts de 0m,49. Hauteur des lettres, 0m,12.

(a) (b)

DDDN | · nN CONSTAN |

[*Beatissimo saeculo?*] *d. d. d. n.* [*n.*] *n. Constant*[*ini*. . . . . *et Constanti et Constantis*], etc.

HENCHIR DOURAT [1].

Les ruines qui portent aujourd'hui le nom d'Henchir Dourat couvrent un petit mamelon au pied duquel se trouvent la source et le ruisseau appelés par les habitants du pays *Aïn Dourat*. Sur la rive droite de ce ruisseau on remarque un mausolée haut actuellement de 3m,20, long et large de 2m,90. Il se compose intérieurement de deux étages séparés l'un de l'autre par de gros blocs posés horizontalement. Sur la façade s'ouvrent une porte et deux fenêtres; la porte est aujourd'hui presque enterrée, le linteau dépassant à peine le niveau du sol. Sur les côtés du monument, des pilastres seulement épannelés forment une ornementation grossière (Pl. I).

Dans le lit de la rivière, soutenant la berge de la rive droite, à quelques pas seulement en avant du mausolée, se voit un mur élevé composé de six assises superposées en grand appareil, surmontées de maçonnerie en blocage.

Sur la rive gauche, où se trouve la partie importante des ruines, le sol est jonché de grosses pierres et de débris d'édifices. Les monuments les mieux conservés sont :

1° Un édifice quadrangulaire, autrefois voûté. Il a 6m,30 de large sur 7m,40 de long. Les gros murs sont en blocage revêtu de pierres de taille : il en reste une vingtaine d'assises aux angles. On distingue encore parfaitement la naissance des voûtes, qui étaient bâties elles aussi en blocage;

2° Au nord de cet édifice, mais non dans l'axe, s'élevait une porte probablement à deux arcades. Il ne reste plus que les piliers extrêmes distants de 13 mètres. Ces piliers étaient ornés, d'un côté, d'un pilastre avec chapiteau grossièrement sculpté; de l'autre, d'un pilastre analogue et d'une colonne à chapiteau corinthien;

3° En haut de la colline s'élève un monument quadrangulaire

[1] Cette ruine n'avait encore été visitée que par M. le docteur Catrin, au mois de septembre 1882.

en grand appareil, où l'on saisit la trace de deux bas côtés. Les murs étaient faits de pierres de taille empruntées. C'est là que nous avons copié les inscriptions n°s 26, 28, 29, 30 et 31.

25. — Sur deux blocs très frustes employés dans une construction fortifiée. Le cadre était long de 1^{m},50 et haut de 0^{m},35. Hauteur des lettres, 0^{m},05.

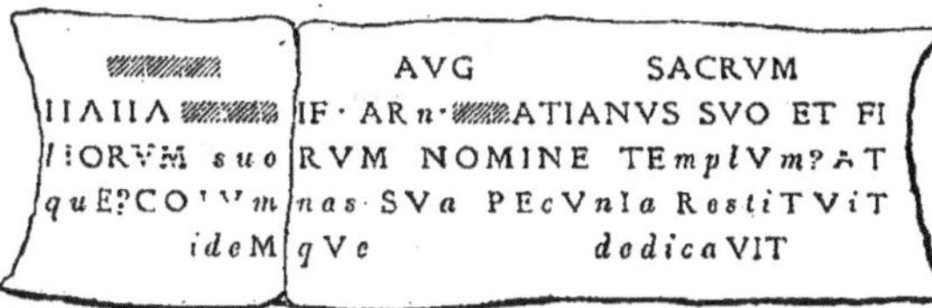

Le nom de la divinité a disparu, ainsi que le gentilice du personnage qui a élevé le monument. Le prénom du père est *L(ucius)* ou *T(itus)*. Le surnom du dédicant pourrait être *Pacatianus* ou tel *cognomen* de même longueur.

La forme du cartouche est à remarquer.

26. — Nous avons déterré le cippe suivant, haut de 0^{m},78 et large de 0^{m},45. Hauteur des lettres, 0^{m},02 : quatre lignes au début ont été martelées. Le reste est très difficile à lire et fort obscur.

N
II
INAIV MVLIOSSIN!IVSOSSEMPERII.....
INOMVMFELIXDVXITETMAIESTASDEIIV....
NAMARTISFABRCATAMNVCONSTATDEINV...
N:VIDITFACTVMSIMIlIMSIEISSVOCVN...
INMELIVSREFORMATVMFVTIMAGOCERTASI.
CVM VENERABILIOR VOLTVS STETOMNA SIGNA SIC
TANTA OPERA PERFECTA IPSARELIGIODEMONSTRAI
OMNISQVAEFECTCASTRANIFERESVAPERPETVO
CEIONIOFABRICANTECVIVSMORCRESCTADHVC
INNVMERVMMAIORVMQVIAHOCPRATATDIVSIA.
LAETAMVITAMHABEREETFAMAMELIORESINO..
OSTENDITVERVMETVOTVMFECITLIBENSANIMo
NAMMARTENSIBVSGYMNASIVMVNVMQDEDISI.
(sic) INMERITOQVIASOLVITDONVMNVMINIPBAESTA..
VTCERTEIVSSITETSIGNVMDEDITSVONVA...
SICIIOIEMSDEDITOF

27. — Sur une grande architrave divisée en deux parties par une moulure saillante. Longueur, 1 mètre; hauteur, 0m,67. Hauteur des lettres, 0m,075.

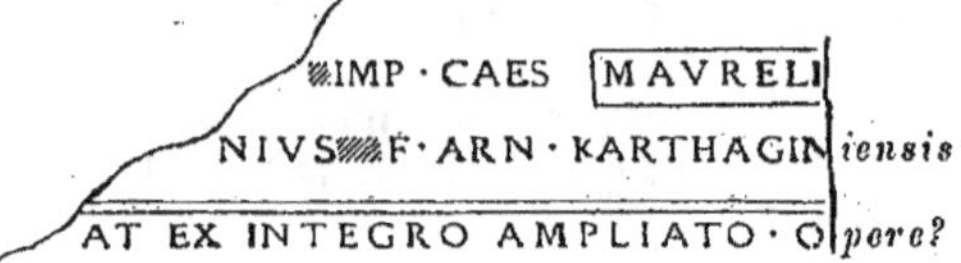

A la première ligne, les mots M AVRELI ont été regravés dans un creux de la pierre obtenu par le martelage, soit qu'ils aient été substitués au nom d'un empereur dont la mémoire avait été condamnée, soit qu'après avoir martelé en entier le nom d'un prince qui les portait, Élagabal ou Sévère Alexandre, on les ait rétablis postérieurement, ce prénom et ce gentilice ayant été portés par d'autres empereurs chers aux Romains et ne devant pas être condamnés à l'oubli.

28. — Cippe en trois morceaux. Hauteur des lettres, 0m,07.

opti MO ET SVPER
omnes PRINCIPES
invicto i MP CAES
*fl constan*TINO MAXIMO
*perpetu*O AVG
uccula MVNICIPIVM
devotu M NVMINI
EIVS

Le nom ancien de la ruine nous a été donné par l'inscription suivante; on voit que la ville d'Uccula était devenue municipe au temps de Constantin :

29. — Sur une base, dans un cadre haut de 0m,60 et large de 0m,37. Hauteur des lettres, 0m,07.

C · ANNIOLENO · CF
ARN · KARTHAGI
(*sic*) NENSI GALLIANO
FLAM · DIVI · TITI
CIVITAS VCCVLA
DECRETO AFRCP
POSVIT

(Estampage.)

Le mot *posuit* est en dehors du cadre.

L'établissement, dont les ruines forment l'henchir Dourat, se nommait donc Uccula. A l'époque où ce monument a été élevé, c'est-à-dire vers la fin du IIe siècle ou au début du IIIe, c'était encore une ville dépourvue du droit de cité romaine. Uccula est citée dans l'*Africa christiana* de Morcelli parmi les évêchés de la Proconsulaire[1]; mais on en ignorait encore la position.

Quant aux *Afri* mentionnés à la ligne 6, ce sont les habitants indigènes des environs de Carthage[2].

30. — Sur une base brisée en trois morceaux, dans un cadre haut et large de 0m,37. Hauteur des lettres, 0m,05. La gravure est bonne.

M·VALERIO·M·F
ARN · CESTIANO
PVBLIANO · CAE
LI · PRIMVS · ET·
VICTOR · EX VO
LVN*tat*E CAE
LI PRIMI PATR
SVI·POSVER

31. — Sur un cippe brisé, dans un cadre large de 0m,40 et haut actuellement de 0m,22. Hauteur des lettres, 0m,055.

M·VALERIO·M F
ARN · CESTIANO
PVBLIANO · OR

32. — Sur un cippe à fronton triangulaire avec une feuille de vigne dans le tympan. Hauteur du cadre, 0m,60; largeur, 0m,33. Hauteur des lettres, 0m,06.

D M S
MATTIVS
II[illegible]IVLINVS
[illegible]VS VIXIT
*a*NNIS XXXIII
MIIID
XXV H S E

(1) I, p. 349. Cf. Vict. Vit., *Cognit.*, I, n° 128 : «Cericio episcopo plebis Ucculensis.»

(2) Cf. Vivien de Saint-Martin, *L'Afrique du Nord dans l'antiquité*, p. 150, et Tissot, *Géographie comparée de l'Afrique romaine*, t. I, p. 444.

HENCHIR GHMIN.

Situé sur les deux rives de l'Oued Tin, l'henchir Ghmin est assez étendu. Il n'y reste debout comme monuments que trois basiliques, une située sur la rive droite de la rivière, auprès d'un mausolée en blocage, les deux autres sur la rive gauche. La plus grande est sur le sommet du mamelon où s'étageait la petite ville.

33. — Nous n'avons trouvé dans cette ruine aucune inscription, sauf les quatre lettres suivantes, hautes de 0m,13, sur un fragment de pierre employée dans la construction de la grande basilique :

\ I A E

HENCHIR AÏMIA.

Ruine sans aucune importance. Nous y avons recueilli une inscription funéraire.

34. — Hauteur du cadre, 0m,72; largeur, 0m,35. Hauteur des lettres, 0m,04.

D · M · S
Q · FANNIVS PRI
MVLVS VIXIT
ANNIS SEPTVA
GINTA MENSES
N QVATTVOR
H · S · E

HENCHIR BEN GLAÏA.

On remarque dans cette ruine les restes d'un grand monument en pierres de taille, plusieurs constructions en blocage presque détruites et un puits d'une grande profondeur.

35. — Dans un cartouche à queues d'aronde, large de 1m,03 et haut de 0m,22. Hauteur des lettres, 0m,05.

SATVRNO · AVG · SACRVM
L · REMMIVS · FAVSTVS · CVM · AVITO
FIL · SVO · TEMPLVM · ET · STATVAM · EIVS A FVN
DAMENT · SVA · PEC · FECIT · ITEMQ · DEDIC · DD ·

36. — Sur une pierre longue de o^{m},42 et haute de o^{m},58. Hauteur des lettres, o^{m},085.

me DICI PARTHICI MAX · TR POT · XXIIII · IM *p*
ET COLVMNIS DVABVS CVM OPERE DEL
ONEM POPVLO · GYMNASIVM · ET

[*Pro salute? Imp. Cæs. M. Aureli(i) Antonini Aug(usti) Armeniaci Me*]*dici Parthici Max(imi), tr(ibunicia) pot(estate) XXIIII, imp(eratoris)* [*V, co(n)s(ulis) III,*......
....] *et columnis duabus cum opere de*....... [*et ob dedicati*]*onem populo gymnasium et*....... [*dedit*].

Ce texte, gravé en l'honneur de Marc-Aurèle, date de l'année 170.

37. — Cippe à fronton. Dans le fronton un *alabastrum;* sur le côté gauche du cippe, un vase à anse; sur le côté droit, une patère ou un miroir. Hauteur du cippe, o^{m},80; largeur, o^{m},52. Hauteur des lettres, o^{m},035.

D M S
LIVIAE
HONORATAE · FIDELI
SIMPLICI · RELIGIOSAE PI
AE QVALIS · NEC FVIT
NEC · ESSE POTEST · MON
STATVIT · MARITVS · DONO ME
(*sic*) MORIS · GRATIA · V · A · LVIIM[illegible]

D(is) M(anibus) s(acrum); Liviae Honoratae, fideli, simplici, religiosae, piae, qualis nec fuit, nec esse potest, mon(umentum) statuit maritus dono memoris gratia; v(ixit) a(nnis) LVII, m(ense) uno, ou m(ensibus) [*duobus*].

On remarquera la formule *memoris gratia*, qui remplace ici, sans doute par suite d'une erreur du graveur, la formule bien connue *memoriae gratia*.

38. — Cippe haut de o^{m},80, large de o^{m},50. Hauteur des lettres, o^{m},05.

Guirlande.

D : M · S
M · IVLIVS AMI
CVS PIVS
VIXIT
AN*n*IS LXXIII
MENS N V H
LVIIII
h S *e*

Le bas du cippe était trop profondément enfoncé en terre; nous n'avons pas pu le faire dégager.

TOUGABR (TOUKABEUR).

39. — Fragments d'une grande inscription, employés dans la construction intérieure de deux maisons différentes.

Hauteur des pierres, $0^m,50$. Hauteur des lettres, $0^m,08$.

	I A N V S		OMNI N	*agni*
ficentia exornavit	ET OB DE	*dicati*	ONEM S	*portu-*
las decurion. epulu	A ET GYMN	*asium*	LVDOR	*umque*
scaenicorum? specta	C V L V *m*	*populo*	DEDIT	

40. — Dans une maison. Longueur de la pierre, $0^m,35$; largeur, $0^m,40$. Hauteur des lettres, $0^m,045$. Caractères élégants.

D · M · S ·
CAEBICIA
VICTORIA ·
PIA · VIXIT
ANN · LXXXVI
H · S · E ·

41. — Dans une maison. Hauteur de la pierre, $0^m,30$; largeur, $0^m,40$. Hauteur des lettres, $0^m,04$.

D M S
CAECILIA TE
RTIA · PIA ·
VIXIT ANIS
XV M VI
d VI

42. — Dans une maison. Hauteur des lettres, $0^m,03$.

D M S
CICERONIA
RVSTICA VIX
(*sic*) ANIS N LKXV

43. — Dans une maison. Hauteur de la pierre, $0^m,24$; largeur, $0^m,29$. Hauteur des lettres, $0^m,02$.

ꝺ D ꝺ M ꝺ S ꝺ
TI CLAVDIVS ꝺ ABAS
CANTVS ꝺ PIVS ꝺ VIXIT
ANNIS ꝺ LXXXXVII
MERENTI ꝺ TI CLAV
DIVS ꝺ CLEMENS ꝺ
FILIVS ꝺ FECIT ꝺ

44. — Dans le mur d'un jardin. Hauteur de la pierre, $0^m,18$; largeur, $0^m,34$. Hauteur des lettres, $0^m,02$.

G*e*RMANIVS *Felix*
SAPONTANVS O·A·LI
SAPO FELICIS GERM
ANI CVM MARTIDE
VXORE ET FELICEM
FILI ET FORTVNAT*a*
MATRE

(Estampage.)

Q. Germanius F[elix] Sapontanus, o(bitus) a(nnorum) LI. Sapo, Felicis Germani(i) (filius), cum Martide uxore et Felicem fili(o) et Fortunat(a) matre.

Imprimerie Nationale. — Mai 1886.

www.ingramcontent.com/pod-product-compliance
Lightning Source LLC
LaVergne TN
LVHW010250230826
846091LV00007B/2893